Anirudh Rao

# The Soviet Fighter Yakovlev Yak-3

Yakovlev Yak-3 is considered one of the best World War 2 fighters, invariably praised by those who flew it in combat for its remarkable performance. The Germans also treated it with respect, which is perhaps best illustrated by Generalleutnant Walter Schwabedissen's remark: The Yak-3 was a tough nut to crack for our pilots. It outperformed our machines in speed, maneuverability and rate of climb.

The emergence of Yak-3 was a compromise between the need to improve the Yak-1's characteristics and the limitations of Soviet aircraft industry and its outdated technologies. The basic design concept took those shortcomings into account, which allowed a rapid launch of mass production of this inexpensive fighter. This in turn would provide frontline units with timely deliveries of new equipment to recoup combat losses.

The key to Yak-3's success was not the use of a new powerplant (in those days hard to come by in the USSR), but rather squeezing every bit of performance out of the M-105PF engine, which resulted in a five percent increase in power output. In combination with some serious weight shedding, the Yak-3 had a significantly better performance than the Yak-1. At altitudes up to 5,000 m (which is where most of the air combat over Eastern Front took place), Yak-3 outperformed both the Bf-109 and Fw-190 in rate of climb and maneuverability. Unlike the Yak-1, the new fighter could also stay with the enemy in a dive.

Its advantages notwithstanding, the Yak-3 also had some serious drawbacks, which affected its modernization potential and limited the scope of combat application of the machine. Its main weakness was a rather modest fuel capacity, which limited the fighter's range making it unsuitable for long-range combat patrols (with twenty percent fuel reserves, the Yak-3's endurance was just about 45 minutes). Also, because of its "short legs", the fighter had to be based fairly close to the frontline. Although the Yak-3's armament did provide enough punch to combat enemy fighters, it was insufficient against bombers. There were more problems to overcome if the machine were ever to be equipped with a more powerful engine, once such became available. It quickly became obvious that such a modification would never be possible due to short landing gear struts and lack of space for installation of more efficient water and oil radiators that a new powerplant would require.

Jakowlew Jak-3 jest uważany za jeden z najlepszych myśliwców sowieckich II Wojny Światowej a piloci, którzy na nim latali, podkreślali jego wysokie osiągi. Nie lekceważyli go również Niemcy a generał-porucznik Walter Schwabedissen stwierdzał: Z Jak-3...niemieckie samoloty nie mogły sobie poradzić. Samolot ten, miał większą prędkość, zwrotność i lepsze charakterystyki prędkości wznoszenia...

Powstanie myśliwca Jak-3, było wynikiem kompromisu między potrzebą poprawienia osiągów Jak-1 a możliwościami sowieckiego przemysłu lotniczego z jego przestarzałymi technologiami. Konstrukcja samolotu była na to obliczona, co umożliwiało szybkie uruchomienie masowej produkcji seryjnej bardzo taniego samolotu. Czynnik ten był bardzo ważny, ponieważ zapewniał rytmiczność dostaw nowego sprzętu i uzupełnianie strat.

Nowy myśliwiec powstał nie dzięki zastosowaniu silnika o większej mocy, ponieważ taki w tym czasie nie był w ZSRR dostępny, ale dzięki maksymalnemu wykorzystaniu ukrytych rezerw – zwiększeniu o 5% mocy silnika M-105PF. W połączeniu ze znacznym odciążeniem płatowca, zapewniło to Jak-3 znacznie lepsze osiągi w porównaniu z Jak-1. Na wysokościach do 5000 m, na których toczyła się większość walk powietrznych na froncie wschodnim, Jak-3 był lepszy od Bf-109 i Fw-190, zarówno pod względem prędkości wznoszenia, jak i zwrotności. Nowy myśliwiec mógł również dogonić przeciwnika w czasie nurkowania, co w przypadku Jak-1 było niemożliwe.

Oprócz zalet, Jak-3 miał też poważne wady, które uniemożliwiały rozszerzenie jego możliwości i modernizację maszyny. Głównym niedostatkiem był mały zapas paliwa a co za tym idzie, niewielki zasięg, który praktycznie uniemożliwiał wykorzystanie samolotu do patrolowania (czas lotu wynosił zaledwie około 45 minut, przy pozostawieniu 20% rezerwy paliwa) i wymuszał bazowanie samolotu bardzo blisko linii frontu. Uzbrojenie wystarczało co prawda do walki z myśliwcami, jednak do zwalczania bombowców było zbyt mało efektywne. Niemożliwe było też zastosowanie silnika większej mocy nawet, gdy był już dostępny, ponieważ ze względu na stosunkowo niskie podwozie, nie było miejsca na zainstalowanie większych, bardziej wydajnych chłodnic wody i oleju.

---

**The Soviet Fighter Yakovlev Yak-3 • Anirudh Rao**
First edition / Wydanie pierwsze • LUBLIN 2020 • ISBN 978-83-66673-03-8

© All rights reserved. / Wszystkie prawa zastrzeżone. Wykorzystywanie fragmentów tej książki do przedruków w gazetach i czasopismach, w audycjach radiowych i programach telewizyjnych bez pisemnej zgody Wydawcy jest zabronione. Nazwa serii zastrzeżona.
Text / Tekst: **Dariusz Paduch** • Translation / Tłumaczenie: **Piotr Kolasa** • Color profiles / Plansze barwne: **Alexey Svetlov, Arkadiusz Wróbel** • Scale drawings / Rysunki techniczne: **Anirudh Rao** • Design: **KAGERO STUDIO**

**Distribution / Dystrybucja: Kagero Publishing** • www.kagero.pl • e-mail: kagero@kagero.pl, marketing@kagero.pl
Editorial Office, Marketing / Redakcja, Marketing: Kagero Publishing, ul. Akacjowa 100, os. Borek, Turka, 20-258 Lublin 62, Poland, phone/fax +48 81 501 21 05

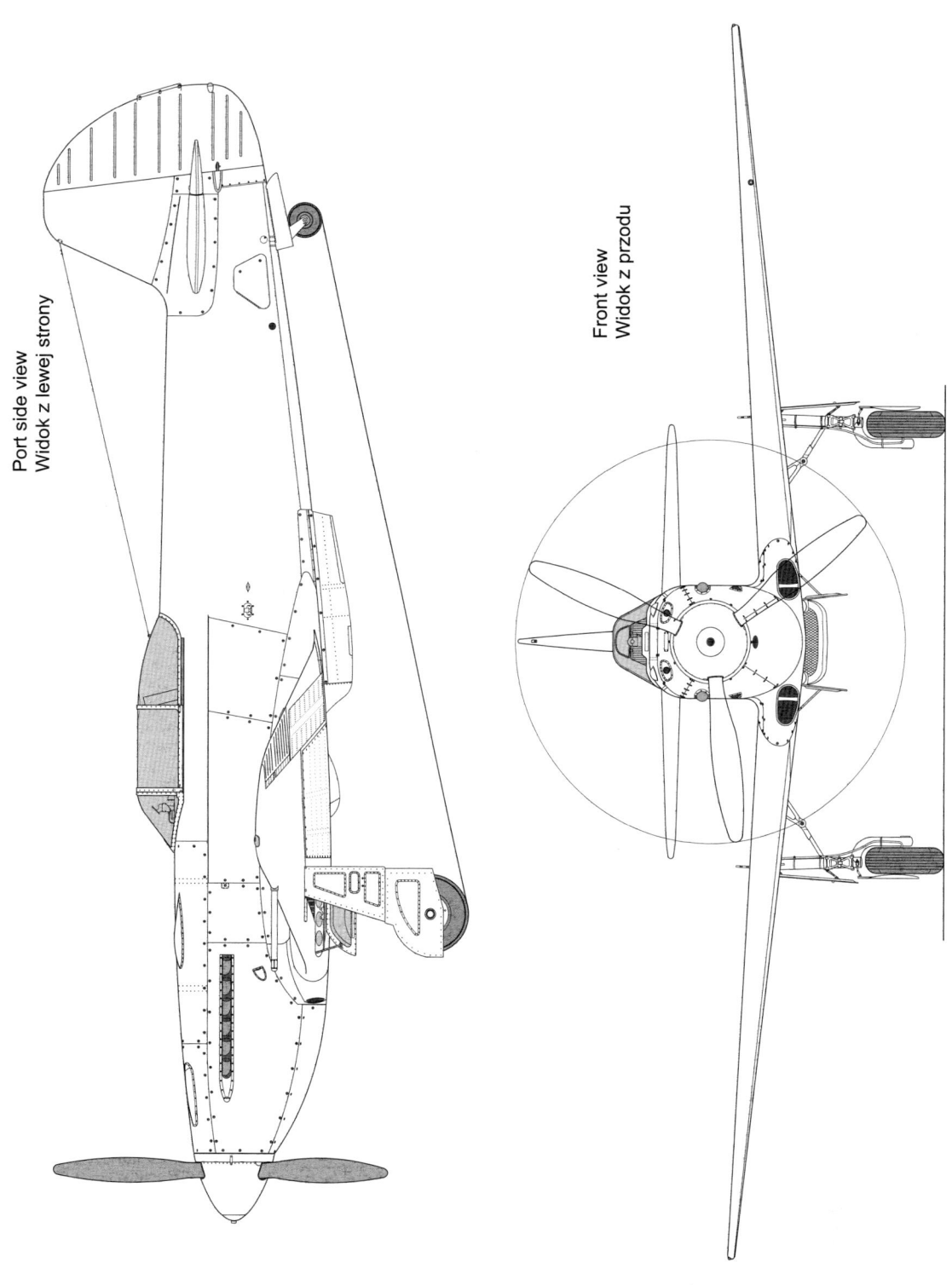

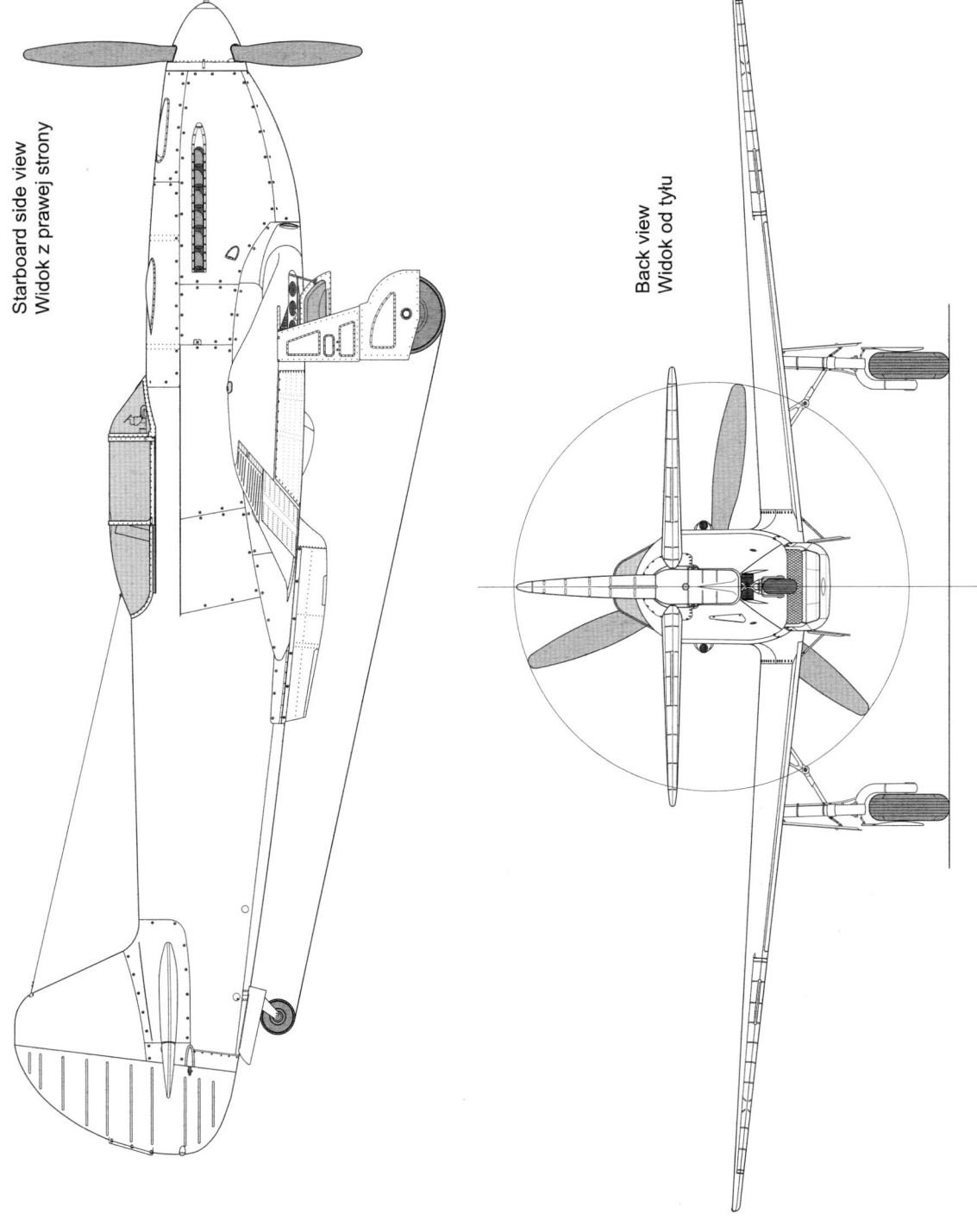

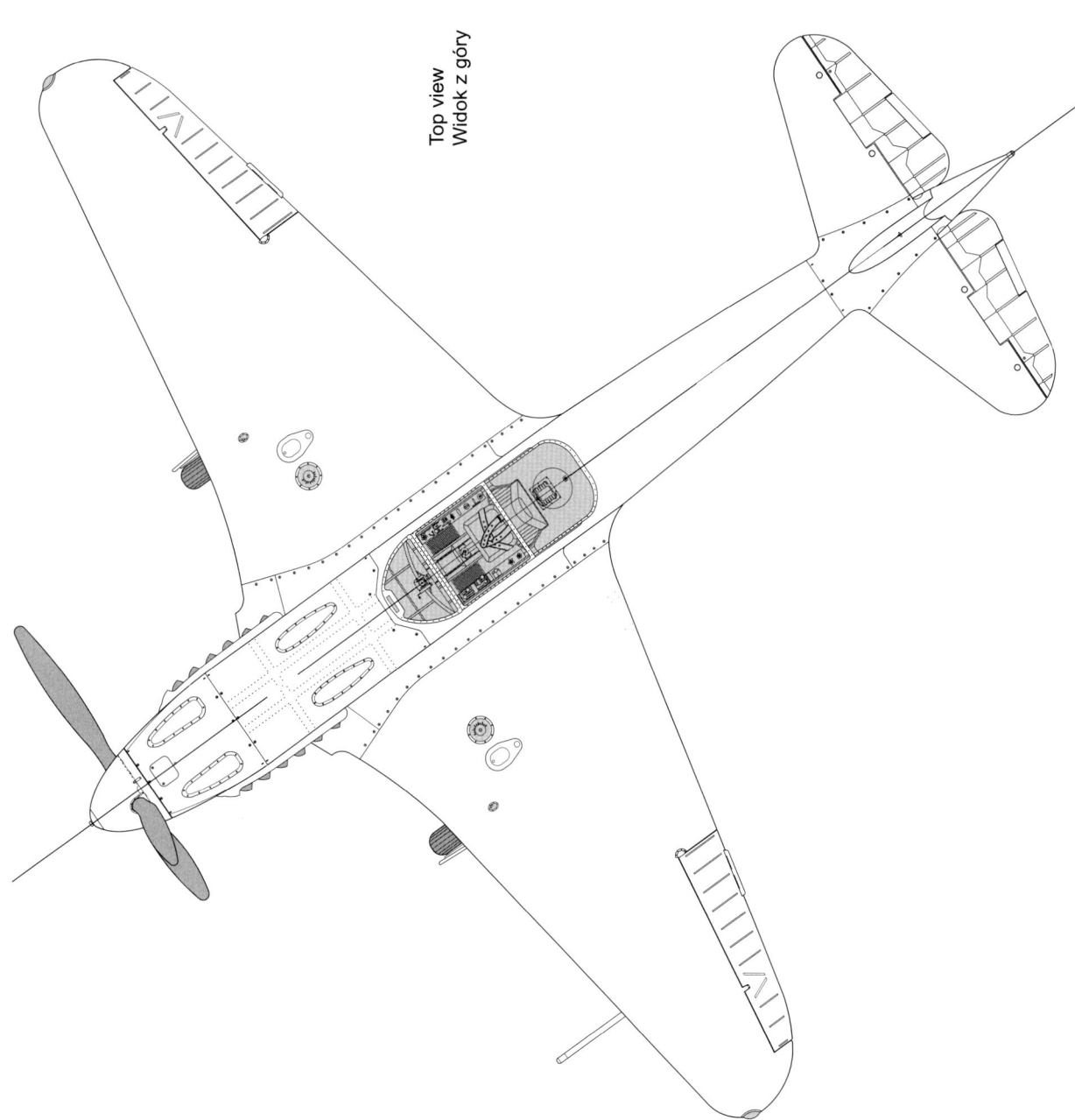

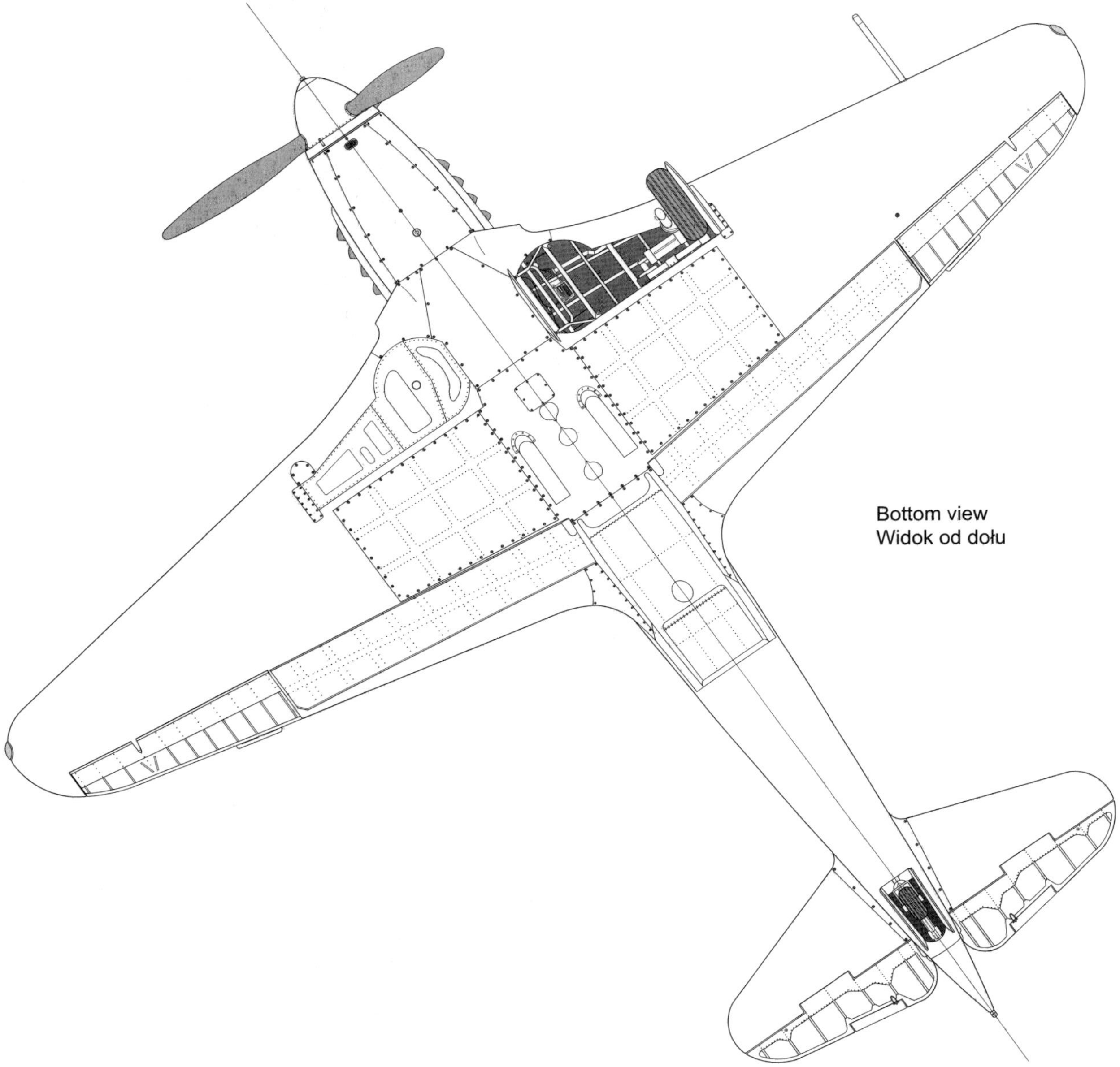

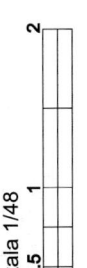

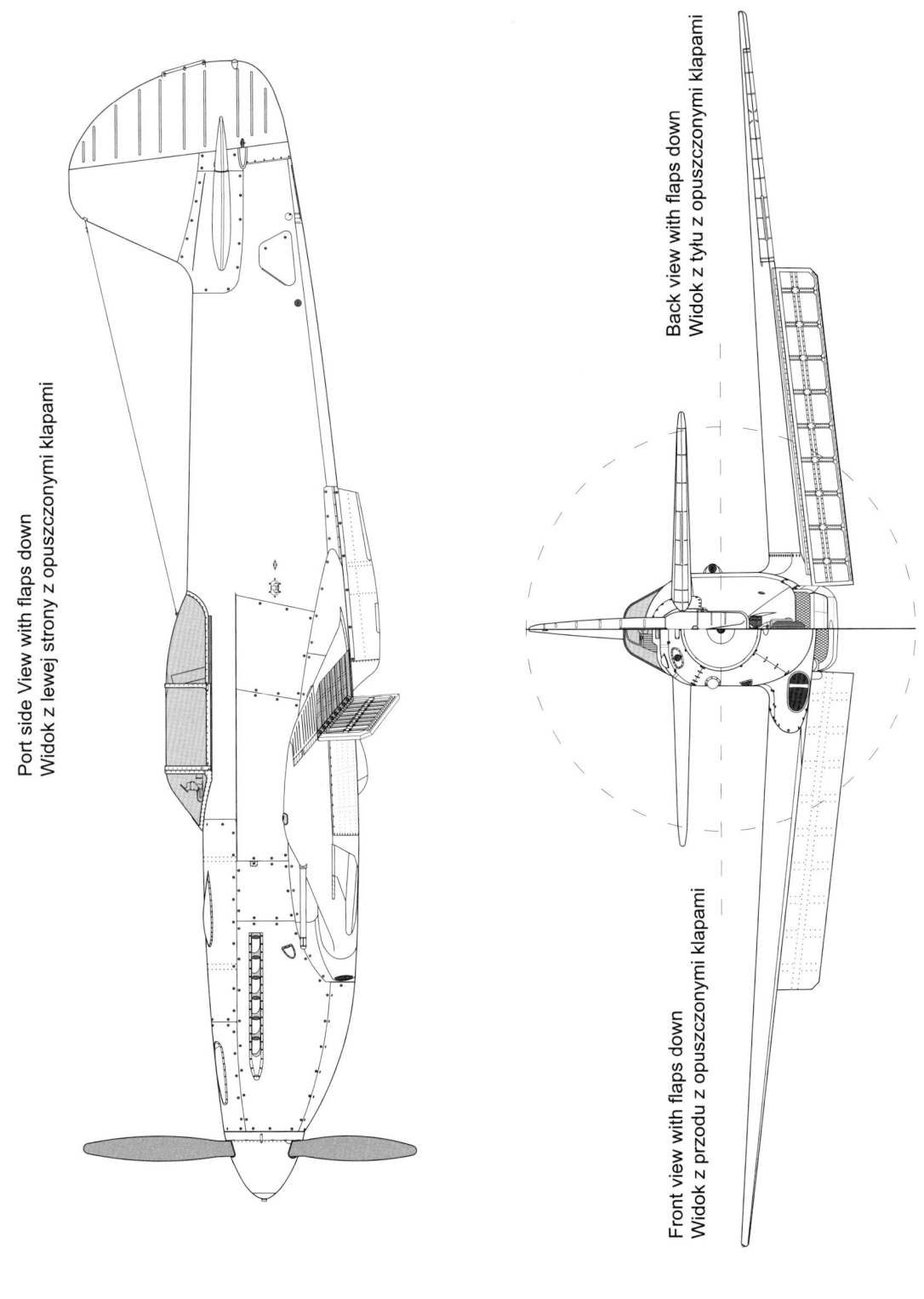

# Sheet/Arkusz 6

**TOPDRAWINGS** Drawings/rysował: © Anirudh Rao
## Yakovlev Yak3

## Yak 3 Landing Gear System
## Układ podwozia samolotu Jak-3

Nose reference
Dziób samolotu

Inner view of starboard side landing gear
Widok głównego zespołu podwozia – prawa strona

Pilot's reference for landing gear status
Mechaniczny wskaźnik położenia podwozia głównego

Yak 3 landing gear deployed
Jak-3 z wypuszczonym podwoziem

Nose reference
Dziób samolotu

Pilot's reference for landing gear status
Mechaniczny wskaźnik położenia podwozia głównego

Yak 3 landing gear retracted
Jak-3 z wciągniętym podwoziem

Scale/Skala 1/24

www.kagero.eu
www.shop.kagero.pl

# Sheet/Arkusz 7

**Fuselage & wings cross-section**
Przekrój kadłuba i skrzydeł

**Yakovlev Yak3**

Drawings/rysował: © Anirudh Rao

Scale/Skala 1/48

www.kagero.eu
www.shop.kagero.pl

This Yak-3 "White 24" was flown by S/Lt Roland de la Poype. Antonovo airfield near Giżycko (East Prussia), shortly after the aircraft had been delivered to Normandy-Niemen in October 1944.

Jakowlew Jak-3 z białym numerem 24, który pilotował S/Lt Roland de la Poype, lotnisko Antonowo koło Giżycka (krótko po dostarczeniu do 1 Samodzielnego Pułku Myśliwskiego Normandia-Niemen) w październiku 1944.

Yak-3 "White 27". Le Bourget, June 1945.

Jakowlew Jak-3 z białym numerem 27. Lotnisko Le Bourget, czerwiec 1945.

**Painted by / Malował:**
Alexey Svetlov

This Yak-3 made a forced landing near Grodzisk Mazowiecki in 1945.
Jak 3, maszyna przymusowo lądowała koło Grodziska Mazowiedzkiego w 1945 roku.

**Painted by / Malował:**
Arkadiusz Wróbel

Painted by / Malował: Arkadiusz Wróbel

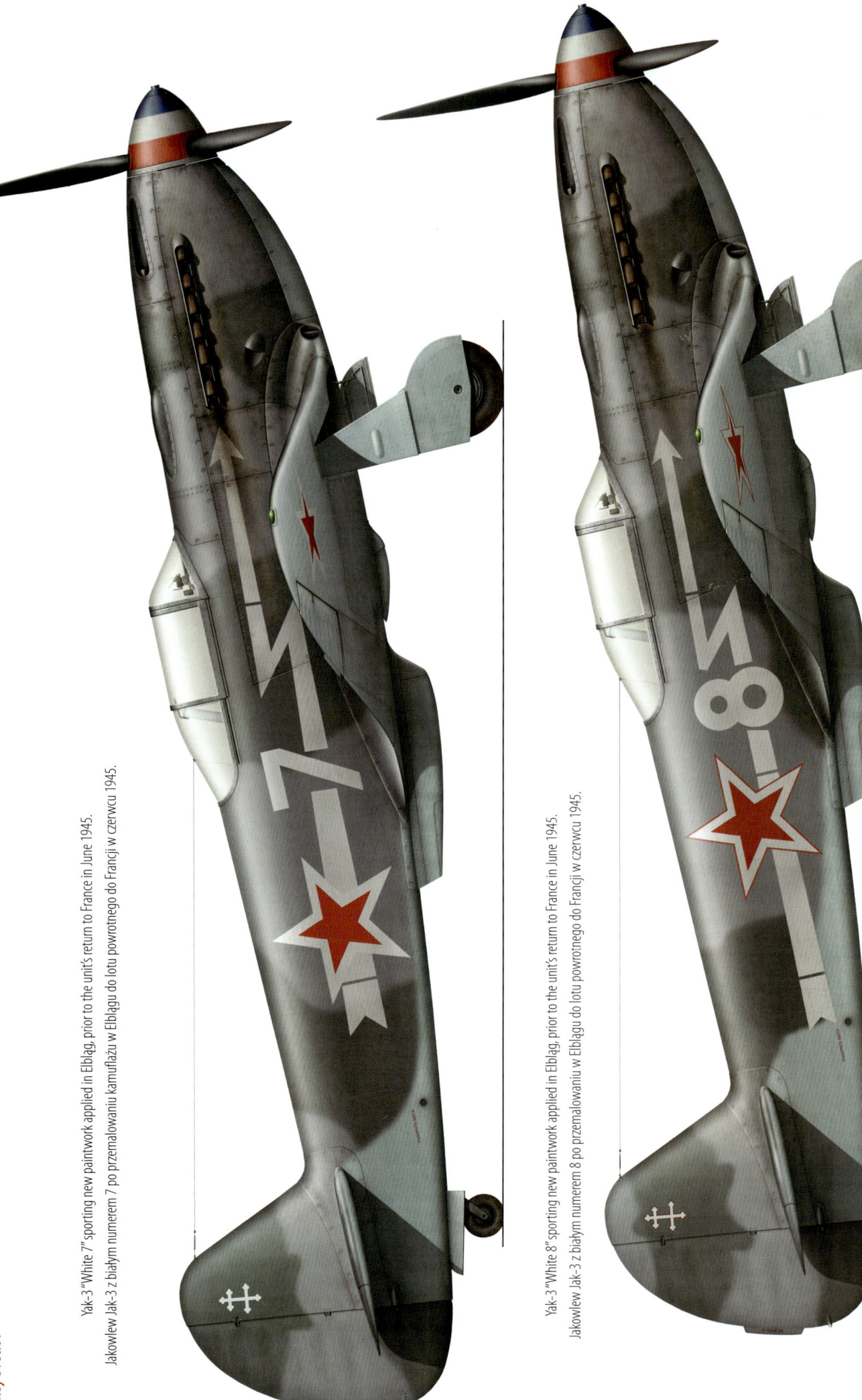

**Painted by / Malował:**
Alexey Svetlov

Yak-3 "White 7" sporting new paintwork applied in Elbląg, prior to the unit's return to France in June 1945.
Jakowlew Jak-3 z białym numerem 7 po przemalowaniu kamuflażu w Elblągu do lotu powrotnego do Francji w czerwcu 1945.

Yak-3 "White 8" sporting new paintwork applied in Elbląg, prior to the unit's return to France in June 1945.
Jakowlew Jak-3 z białym numerem 8 po przemalowaniu w Elblągu do lotu powrotnego do Francji w czerwcu 1945.

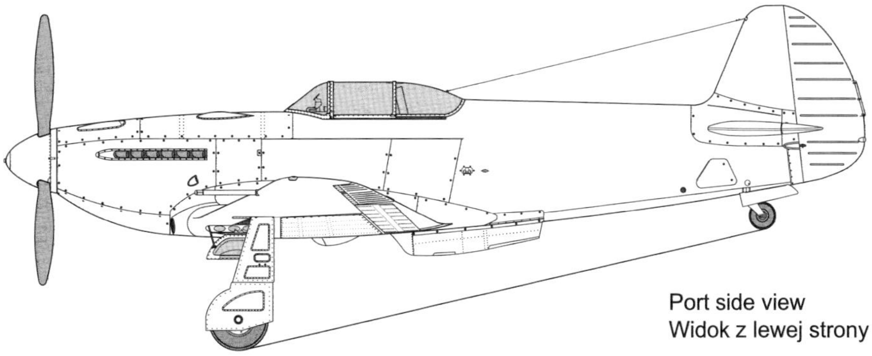

# TOPDRAWINGS
Drawings/rysował: © Anirudh Rao
## Yakovlev Yak3

Sheet/Arkusz 8

Port side view
Widok z lewej strony

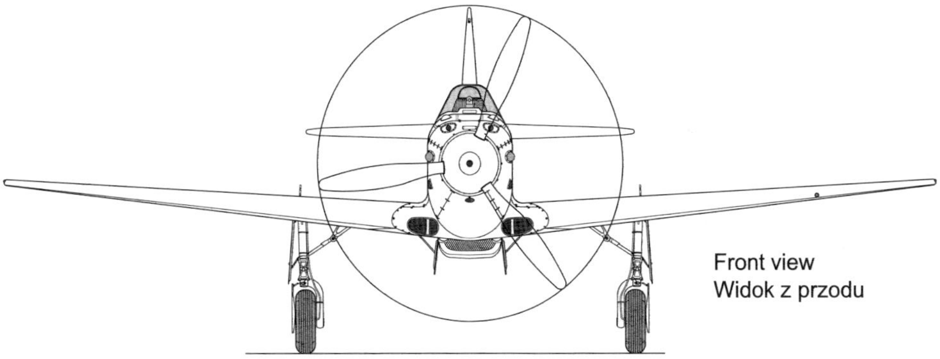

Front view
Widok z przodu

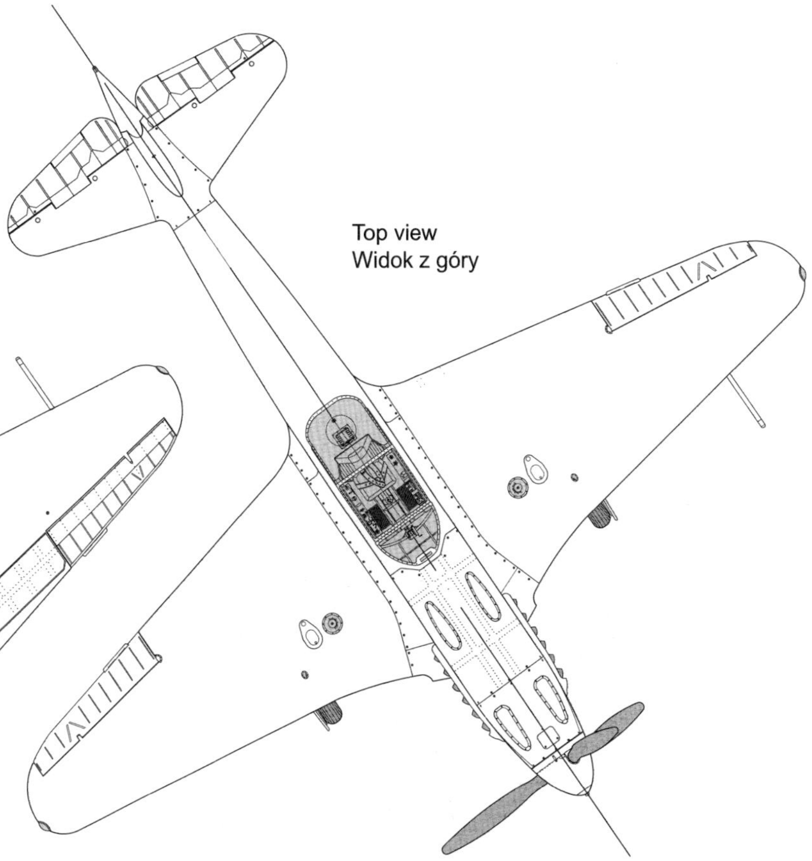

Top view
Widok z góry

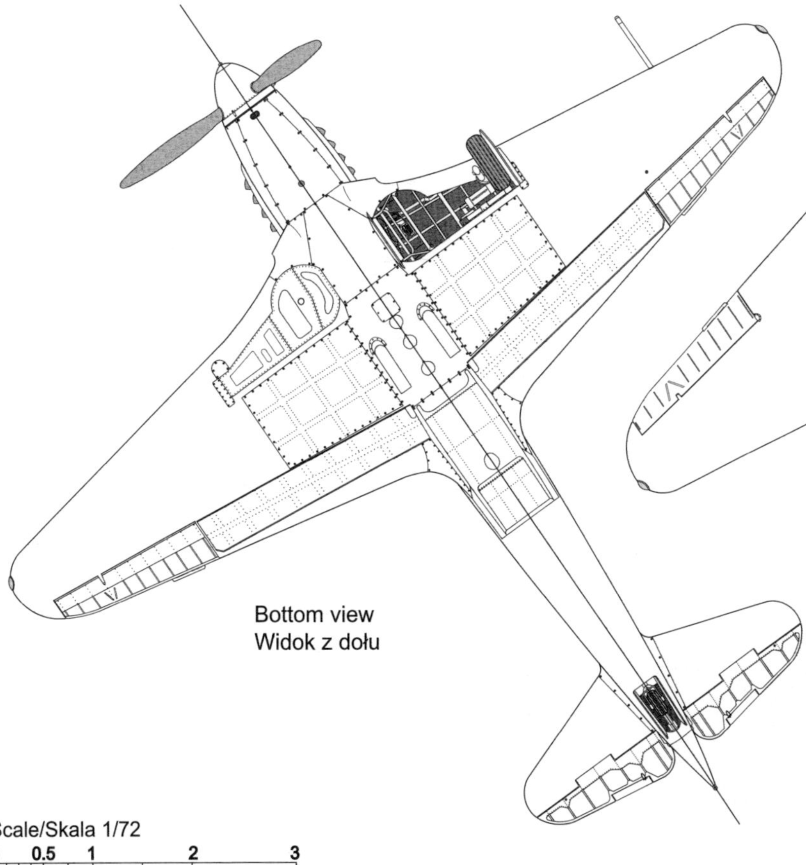

Bottom view
Widok z dołu

Scale/Skala 1/72
0  0.5  1    2    3

www.kagero.eu
www.shop.kagero.pl

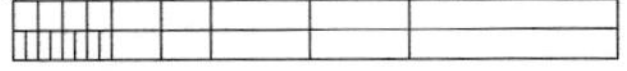

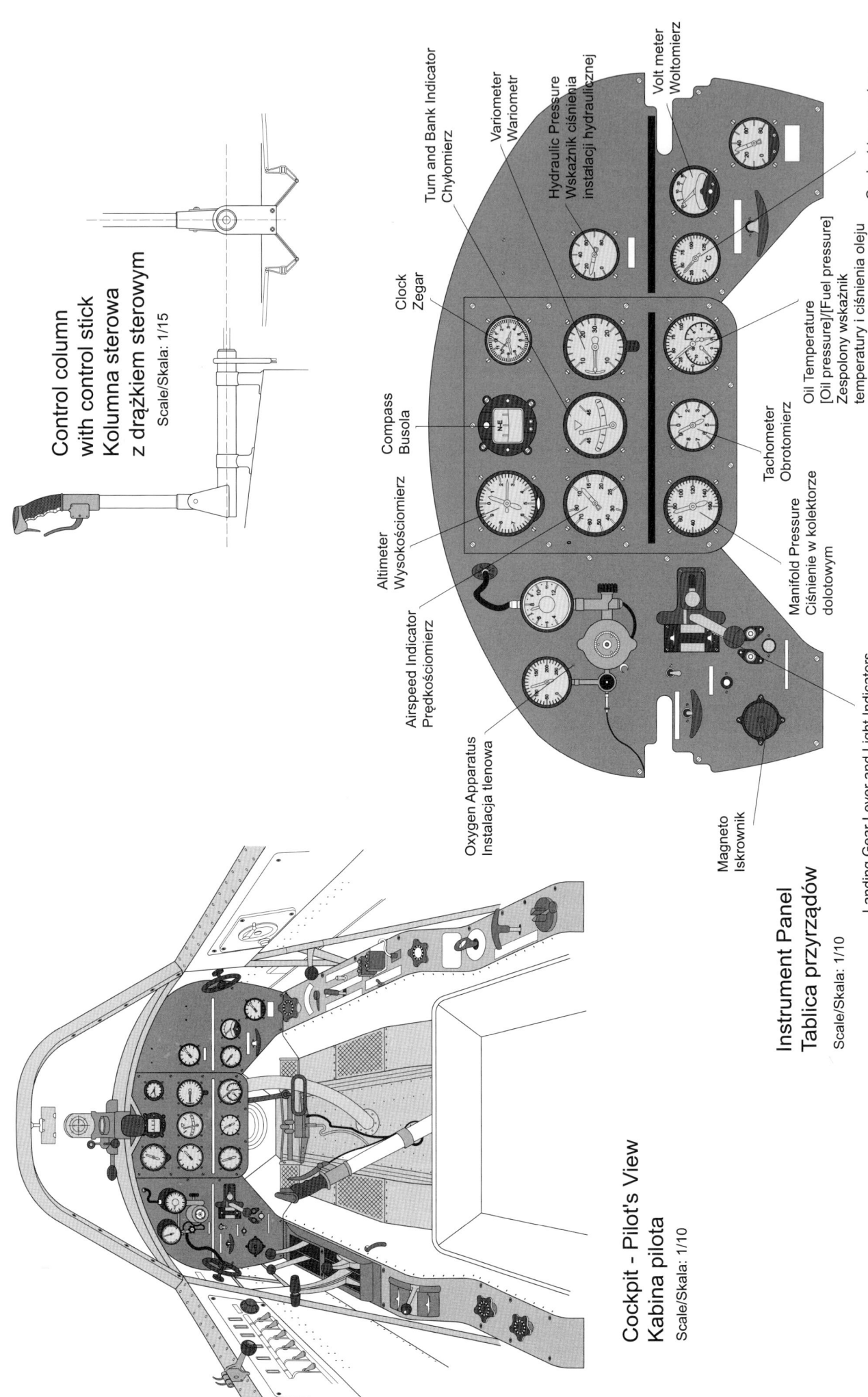

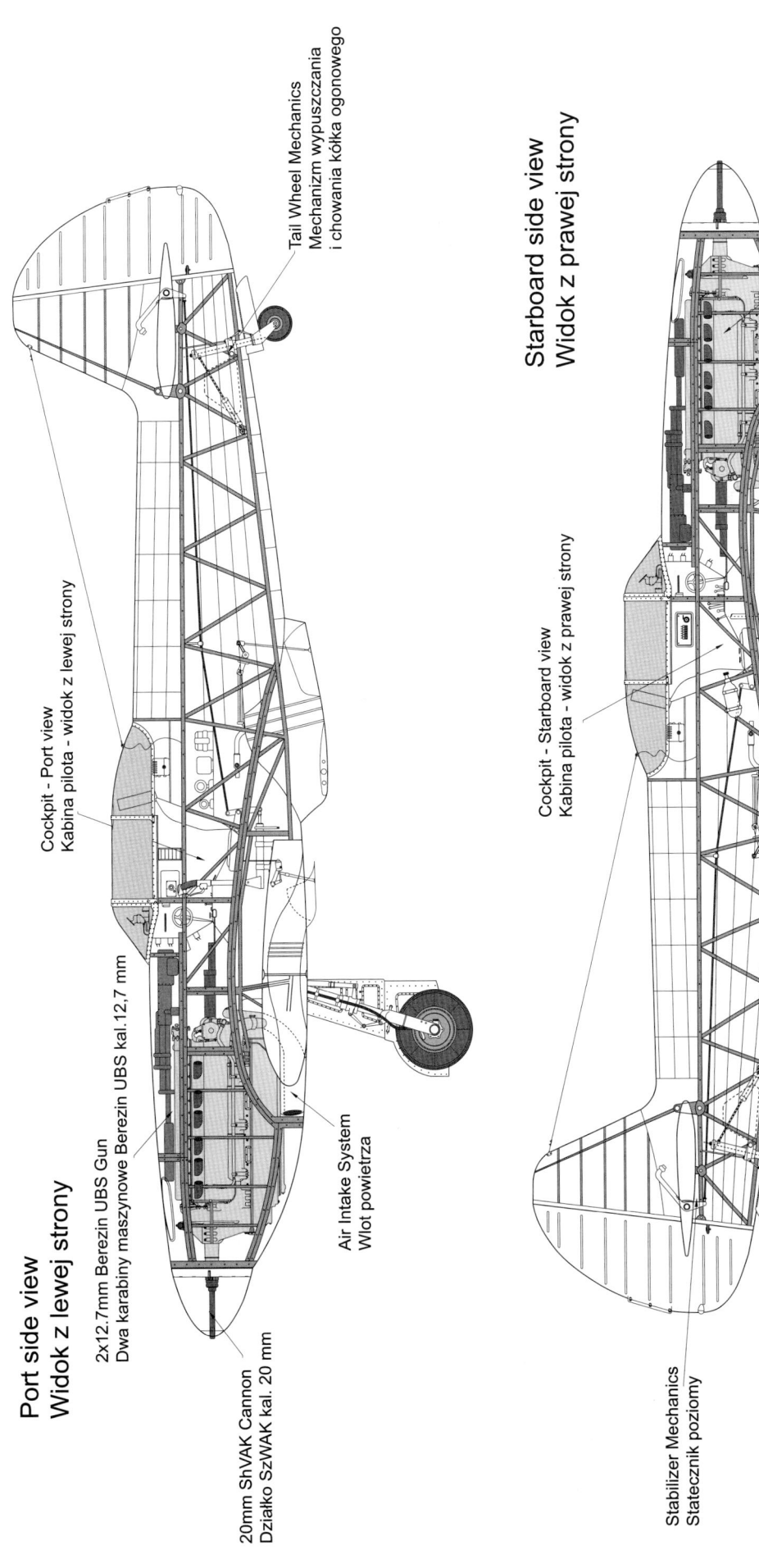

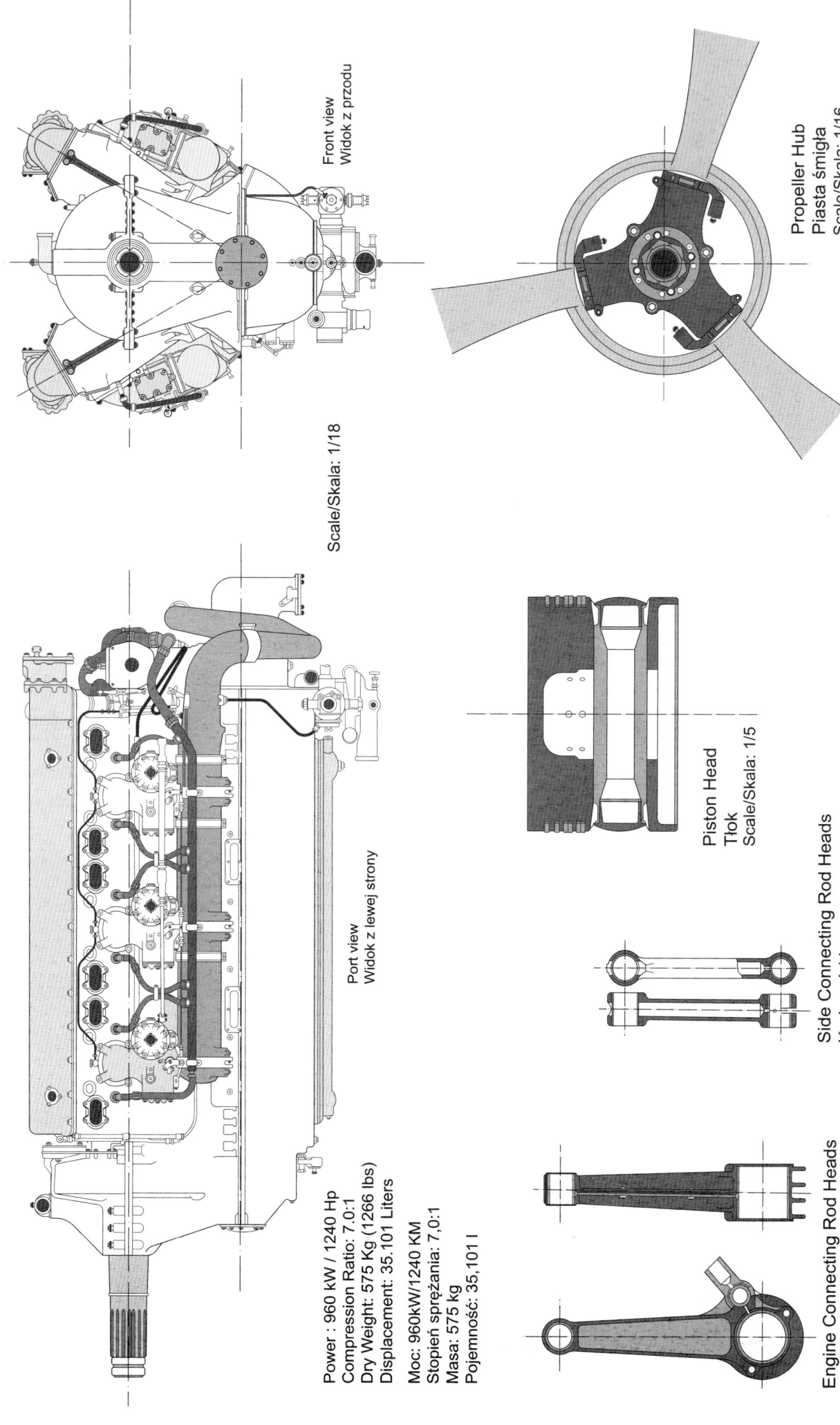

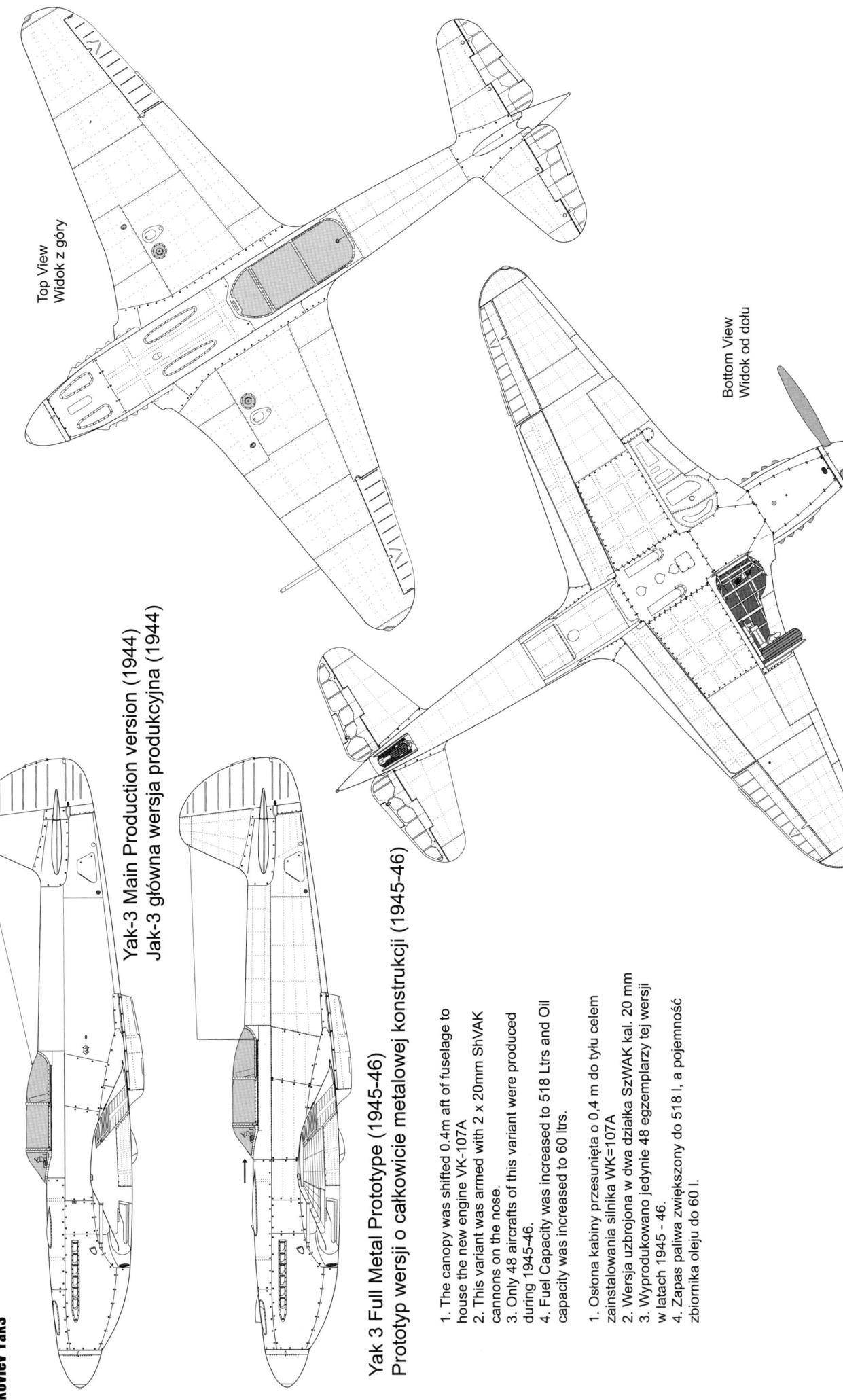

# Yakovlev Yak3

**Sheet/Arkusz 13**

Drawings/rysował: © Anirudh Rao

## Yak-3/Jak-3

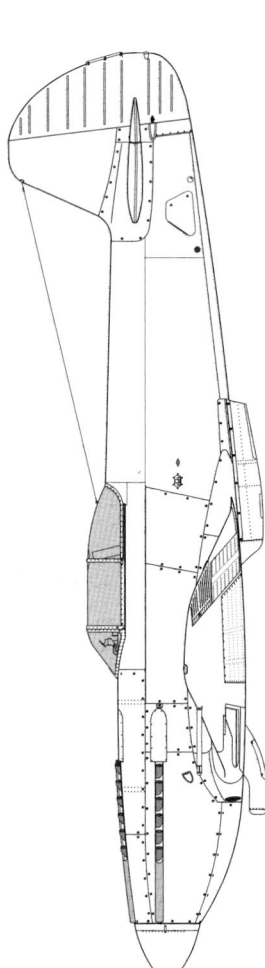

Yak - 3 Main Production version
Power: 1240 hp (Klimov VK-105 V12 Engine)
Max. Speed: 640 km/hr at 4000m

Jak-3 podstawowa wersja produkcyjna
Moc: 1240 km (silnik Klimow WK-105 V-12)
Prędkość maksymalna - 640 km/h na wys. 4000 m

## Yak-3 (VK 108)/Jak-3 (WK 108)

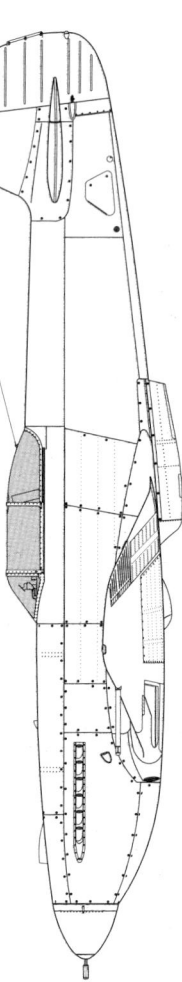

Yak - 3 prototype with VK-108 V12 Engine
Power: 1800 hp ; Max. Speed: 746 km/hr at 6000m
This variant was armed with one NS-23mm Gun.
Most distinct feature of this variant is the 4 x 6
Exhaust stacks, 2 on either side and 2 on the nose cowling.

Jak-3 prototyp z silnikiem WK-108
Moc: 1800 km, prędkość maks.: 746 km/h na wys. 6000 m
Samolot był uzbrojony w jedno działko NS-23
Najbardziej charakterystyczna cecha tej wersji jest system rur wydechowych
w układzie 4x6 - dwa po obu stronach kadłuba i dwa na osłonie silnika.

## Yak-3K/Jak-3K

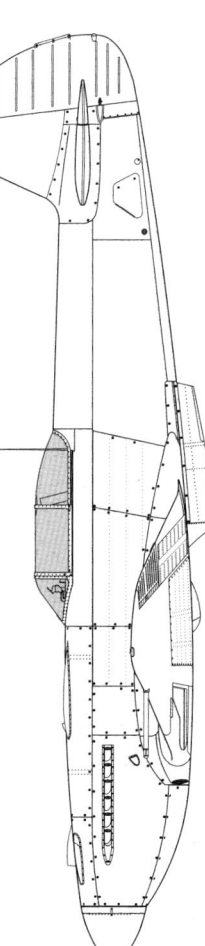

This variant's purpose as a tank destroyer equipped it with a 45 mm Nudelman-Suranov NS-45 cannon.
Był to wariant przeznaczony do zwalczania pojazdów pancernych uzbrojony w działko
Nudelman-Suranow NS-45

## Yak-3 (VK-107a)/Jak-3 (WK-107A)

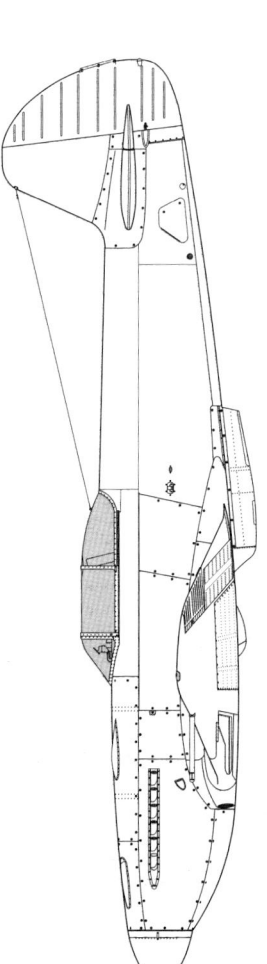

Yak - 3 prototype with VK-107A V12 Engine
Power: 1500 hp; Max. Speed: 706 km/hr at 5900m
This variant was armed with 2 x 20 B-20S Nose Guns.
48 aircrafts of this variant were produced with full metal fuselage.
The canopy is moved 0.4m aft of the fuselage to accomodate the new Engine.

Jak-3 prototyp z silnikiem WK-107A
Moc: 1500 km, prędkość maks.: 706 km/h na wysokości 5900 m
Wersja ta była uzbrojona w dwa działka B-20S.
Wyprodukowano 48 egzemplarzy tej wersji o całkowicie metalowej konstrukcji.
Kabina została przesunięta o 0,4 m do tyłu, aby umożliwić montaż nowego silnika.

Scale/Skala 1/72
0  0.5  1  2  3

# Yakovlev Yak3

## Yak-3P/Jak-3P

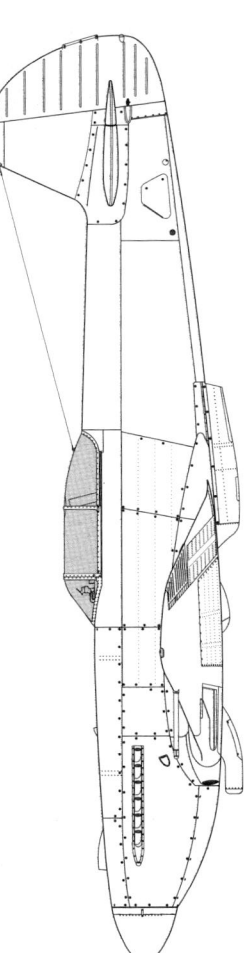

This variant was armed with 3 × 20 Berezin B-20 cannon with 120 rounds for the middle cannon and 130 rounds for the side weapons.

Ta wersja była uzbrojona w trzy działka B-20 z zapasem 120 sztuk amunicji do działka środkowego i 130 sztuk do każdego z działek bocznych.

## Yak-3PD/Jak-3D

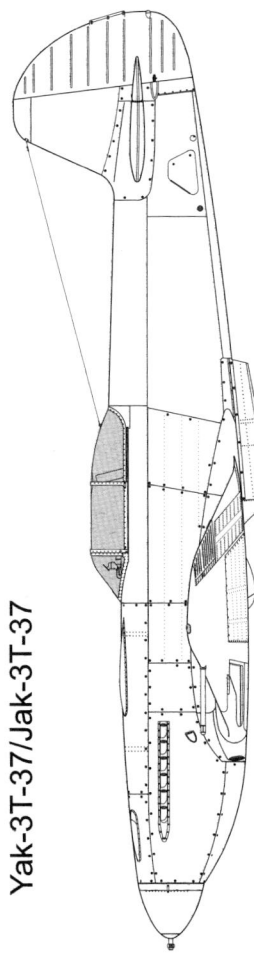

As a High-Altitude Interceptor, this variant was equipped with a modified VK-105PD Engine and a single 23 mm Nudelman-Suranov NS-23 cannon with 60 rounds of ammunition, reached 13,300 m (43,635 ft) in testing but did not enter production due to unreliability of the engine.

Wersja wysokościowa myśliwca wyposażona była w zmodyfikowany silnik WK-105PD. Uzbrojenie stanowiło jedno działko NS-23 z zapasem 60 sztuk amunicji. W trakcie prób samolot osiągnął wysokość 13300 m, jednak nie wszedł do produkcji seryjnej z powodu zawodnego silnika.

## Yak-3RD/3D/Jak-3RD/3D

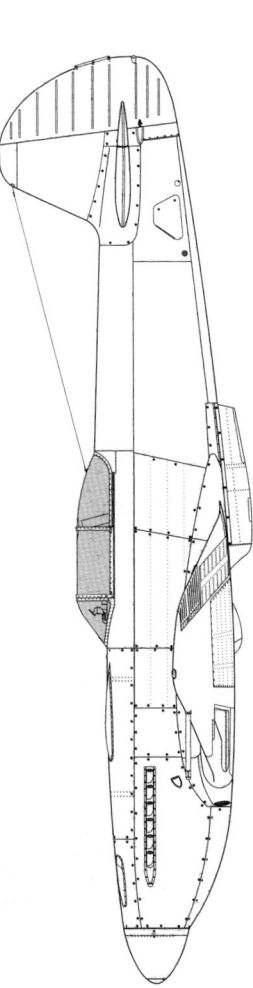

This variant was equipped with an auxiliary Glushko RD-1 liquid-fuel rocket engine with 2.9 kN (650 lbf) of thrust in the modified tail, armed with a single 23 mm Nudelman-Suranov NS-23 cannon with 60 rounds of ammunition.
Max speed: 782 km/h (486 mph) at 7,800 m (25,591 ft)

Ta wersja samolotu posiadała dodatkowy silnik rakietowy na paliwo ciekłe RD-1 o ciągu 2.9 kN. Silnik zamontowany był w zmodyfikowanej części ogonowej płatowca. Uzbrojenie stanowiło działko NS-23 z zapasem 60 sztuk amunicji. Prędkość maks.: 782 km/h na wys. 7800 m.

## Yak-3T-37/Jak-3T-37

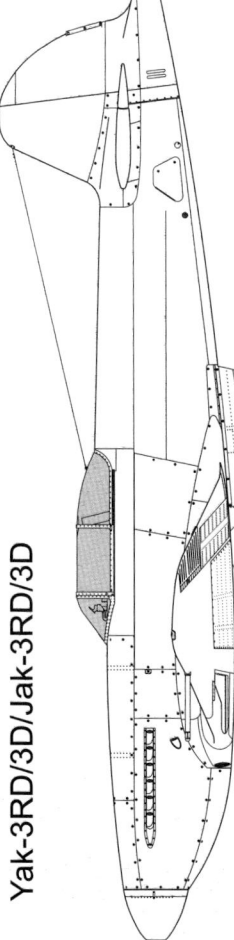

This variant was a tank destroyer version armed with 1 × 37 mm Nudelman N-37 cannon with 25 rounds and 2 × 20 mm Berezin B-20S cannons with 100 rpg.

Wersja do zwalczania pojazdów pancernych uzbrojona w działko N-37 z zapasem 25 sztuk amunicji i dwa działka B-20S z zapasem 100 sztuk amunicji na lufę.

Scale/Skala 1/72

# Yakovlev Yak3

## Yak-3U/Jak-3U

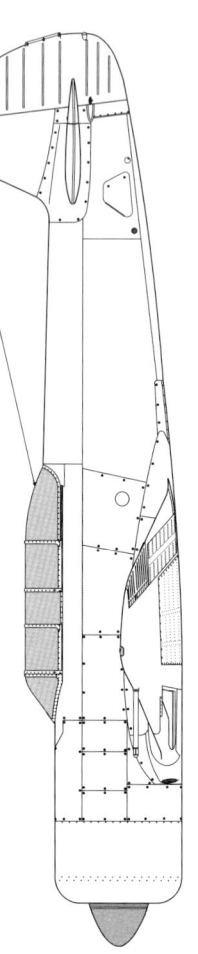

Yak-3 variant fitted with Shvetsov ASh-82FN radial engine with 1,380 kW (1,851 hp). Armament of 2 × 20 mm Berezin B-20 cannons with 120 rpg. Max Speed: 682 km/h (424 mph) at 6,000 m (19,685 ft)

Wersja wyposażona w silnik gwiazdowy ASz-82FN o mocy 1380 kW (1851 km). Uzbrojenie: 2xB-20 z zpasem 120 szt. amunicji na lufę. Prędkość maks. 682 km/h na wys. 6000 m

## Yak-3UTI/Jak-3UTI

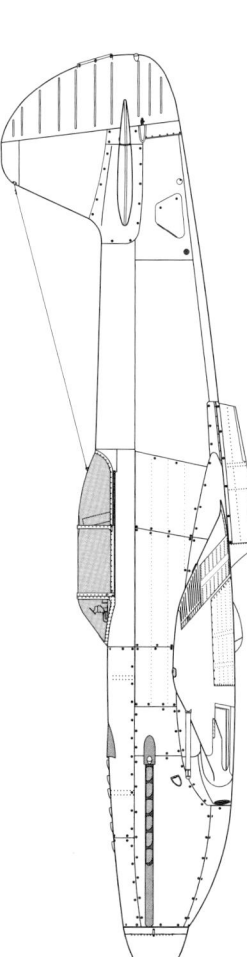

This variant was two-seat conversion trainer based on Yak-3U powered by Shvetsov ASh-21 radial piston engine.

Dwumiejscowe wersja szkolna skonstruowana w oparciu o płatowiec samolotu Jak-3U. Napęd stanowił silnik gwiazdowy ASz-21.

## Yak-3T-57/Jak-3T-58

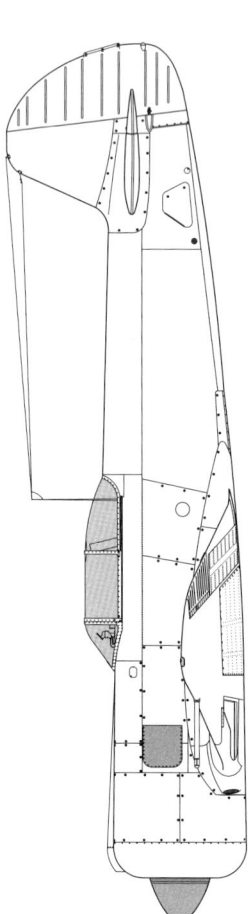

This variant was a destroyer version armed with a single 57 mm OKB-16-57 cannon

Wersja szturmowa samolotu uzbrojona w działko OKB-16-57 kal. 57 mm

## Yak-3TK/Jak-3TK

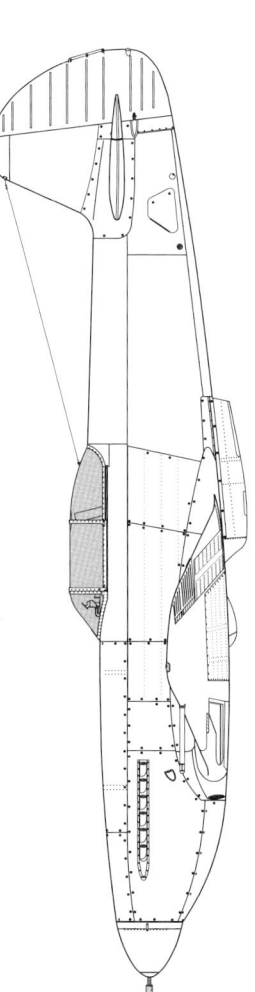

This variant was powered by a VK-107A engine, and fitted with an exhaust turbocharger.

Ta wersja napędzana była silnikiem WK-107A z turbosprężarką.

Scale/Skala 1/72